Ulrich Heidenreich

Aber die Liebe ist die größte unter ihnen

Das Hohelied der Liebe
Gedanken und Geschichten zu 1. Korinther 13

Agentur des Rauhen Hauses Hamburg

Inhalt

Das Hohelied der Liebe 5

Vom Wesentlichen 7

Pflicht ohne Liebe macht verdrießlich 11

Gerechtigkeit ohne Liebe macht hart 18

Klugheit ohne Liebe macht kalt 24

Freundlichkeit ohne Liebe macht heuchlerisch 28

Ordnung ohne Liebe macht kleinlich 32

Besitz ohne Liebe macht geizig 37

Ehre ohne Liebe macht hochmütig 42

Glaube ohne Liebe macht fanatisch 46

Ein Leben ohne Liebe ist sinnlos 50

Ein Leben in Liebe ist Glück und Freude 56

Das Hohelied der Liebe

Wenn ich mit Menschen- und mit Engelzungen redete und hätte die Liebe nicht, so wäre ich ein tönendes Erz oder eine klingende Schelle.

Und wenn ich prophetisch reden könnte und wüsste alle Geheimnisse und alle Erkenntnis und hätte allen Glauben, sodass ich Berge versetzen könnte, und hätte die Liebe nicht, so wäre ich nichts.

Und wenn ich alle meine Habe den Armen gäbe und ließe meinen Leib verbrennen und hätte die Liebe nicht, so wäre mir's nichts nütze.

Die Liebe ist langmütig und freundlich, die Liebe eifert nicht, die Liebe treibt nicht Mutwillen, sie bläht sich nicht auf,

„Lobet den Herrn in seinem Heiligtum" heißt das farbenprächtige Glasfenster, das Marc Chagall für die Kathedrale im englischen Chichester geschaffen hat. Es versammelt Motive aus dem 150. Psalm, dem „großen Halleluja" Gott zu Ehren. Im Bogenfeld besingt König David hoch zu Pferde die allumfassende Liebe des Herrn, die sich in der Liebe der Geschöpfe zueinander ausdrückt und die niemals aufhört.

sie verhält sich nicht ungehörig, sie sucht nicht das Ihre, sie lässt sich nicht erbittern, sie rechnet das Böse nicht zu,

sie freut sich nicht über die Ungerechtigkeit, sie freut sich aber an der Wahrheit,

sie erträgt alles, sie glaubt alles, sie hofft alles, sie duldet alles.

Die Liebe hört niemals auf, wo doch das prophetische Reden aufhören wird und das Zungenreden aufhören wird und die Erkenntnis aufhören wird.

Denn unser Wissen ist Stückwerk und unser prophetisches Reden ist Stückwerk.

Wenn aber kommen wird das Vollkommene, so wird das Stückwerk aufhören.

Als ich ein Kind war, da redete ich wie ein Kind und dachte wie ein Kind und war klug wie ein Kind; als ich aber ein Mann wurde, tat ich ab, was kindlich war.

Wir sehen jetzt durch einen Spiegel ein dunkles Bild; dann aber von Angesicht zu Angesicht. Jetzt erkenne ich stückweise; dann aber werde ich erkennen, wie ich erkannt bin.

Nun aber bleiben Glaube, Hoffnung, Liebe, diese drei; aber die Liebe ist die größte unter ihnen.

1. Korinther 13,1-13

Vom Wesentlichen

Ein altes Märchen erzählt, wie ein wissbegieriger König die Gelehrten seines Landes beauftragte, für ihn alles Wissenswerte der Welt aufzuschreiben. Nach vierzig Jahren legten sie das Ergebnis in tausend Bänden vor. Der König sagte: „Tausend Bücher kann ich nicht mehr lesen. Kürzt alles auf das Wesentliche."

Nach zehn Jahren hatten die Gelehrten den Inhalt der Geschichte der Menschen in hundert Bänden zusammengefasst. Der König sagte: „Das ist noch zu viel. Ich bin schon siebzig Jahre alt. Schreibt nur das Wesentliche!"

Die Gelehrten machten sich erneut an die Arbeit und fassten das Wichtigste in einem einzigen Buch zusammen. Sie kamen damit, als der König schon im Sterben lag. Dieser wollte wenigstens noch das Wesentlichste aus der Arbeit der Gelehrten erfahren. Da fasste der Vorsitzende der Gelehrtenkommission das Wesentlichste der Geschichte der Menschheit in einem einzigen Satz zusammen: „Sie lebten, sie litten, sie starben. Und was zählt und überlebt, ist die Liebe."

Der Apostel Paulus kommt im „Hohenlied der Liebe" auf andere Weise zum gleichen Ergebnis. Er denkt über das nach, was für den Menschen wichtig ist und worauf die Christen von Korinth beson-

ders achten sollten, und spricht von Glaube, Hoffnung und Liebe. Der Schweizer Reformator Johannes Calvin schreibt dazu in seiner Auslegung der Bibel: „Die Liebe ist die größte unter ihnen, weil sie die herrlichsten Früchte trägt und von ewiger Dauer ist. Von seinem Glauben und seiner Hoffnung zieht ein jeder selbst den Vorteil, aber die Liebe fließt auch auf die anderen über. Glaube und Hoffnung gehören dieser unvollkommenen Zeit an, die Liebe hingegen dauert auch im Stande der Vollkommenheit fort."

Viele andere Christen haben sich mit dem Paulus-Wort beschäftigt. Die Liebe ist der Ursprung und das Wesen des Handelns Gottes in der Welt. Der große Pädagoge Johann Heinrich Pestalozzi riet den angehenden Erziehern: „Ihr müsst die Menschen lieben, wenn ihr sie ändern wollt. Euer Einfluss reicht nur so weit wie eure Liebe." Paulus gibt uns einige Hinweise, woran die rechte Liebe zu erkennen sei: Sie kennt keine Eifersucht und wendet sich ab vom Eigenwillen und vom Bösen; sie lässt sich nicht reizen durch die Streitsucht der anderen, aber sie verwischt auch nicht die Grenze zwischen Recht und Unrecht. Sie freut sich an der Wahrheit und bewährt sich in grenzenloser Geduld. Alle anderen Gaben – so meint der Apostel – sind zu

Ein formvollendeter Heiratsantrag: Ob das Herz der Angebeteten entflammt? Auf der Brunnensäule leuchtet es rot. Oder ob es der Hl. Florian auf der Fassade dahinter zum Erlöschen bringt? Alle Augen sind auf den jungen Mann gerichtet; er scheint sich seiner Sache sehr sicher zu sein – im Unterschied zum Maler Carl Spitzweg, der seinem Bild in der Fassung von 1850 den Titel „Der ewige Hochzeiter" gab.

nichts nütze, wenn sie nur uns selbst dienen und nicht von der Liebe bestimmt sind.

Keine noch so ausgeprägte Begabung schützt uns davor, uns selbst zu bewundern und unsere Fähigkeiten nur für uns selbst zu benützen. Wie viele Menschen reden, weil sie sich gern hören – wie viele forschen, weil das Wissen sie groß macht –, wie viele tun Gutes, weil es ihnen Befriedigung verschafft. Eigentlich meinen sie immer nur sich selbst.

Doch Worte ohne Liebe täuschen, langweilen oder verletzen. Erkenntnis ohne Liebe versteinert das Herz. Wohltaten ohne Liebe erniedrigen den, dem sie gewährt werden, und locken ihn in die Abhängigkeit. Nur die Liebe meidet mit wachem Blick alles, was die Würde des anderen beeinträchtigt.

Unser Reden wird einmal verstummen, unsere Erkenntnis wird vergehen, unsere guten Taten erschöpfen sich, unsere Liebe aber lässt uns teilhaben an Gott. Sie ist das Aufleuchten der Ewigkeit in unserer Zeit.

Es steht immer einer neben uns, der unsere Liebe braucht.

Pflicht ohne Liebe macht verdrießlich

Es ist früh am Morgen. Ich sitze in der U-Bahn, um einen Fernzug zu erreichen. Es überrascht mich, wie viele Menschen schon unterwegs sind, um ihre Arbeit aufzunehmen. Denen, die mit mir fahren, ist anzusehen, dass dies ihr Alltag ist. Nur wenige unterhalten sich – etwas einsilbig, wie mir scheint. Andere verbergen ihr Gesicht hinter der Morgenausgabe einer Zeitung. Hier und da gähnt jemand. Alle scheinen noch gar nicht richtig wach und nur unterwegs zu sein, weil die Pflicht ruft.

An der nächsten Station steigen weitere Fahrgäste zu. Etwas mürrisch schieben sie sich in den Wagen und blicken müde vor sich hin. Kurz bevor die Türen geschlossen werden, steigt noch eine junge Frau ein, und in das Klappen der sich schließenden Türen klingt ihr lautes und fröhliches „Guten Morgen". Für einen kurzen Augenblick schauen alle auf – verwundert über die Unterbrechung ihrer Eintönigkeit, überrascht von der Heiterkeit eines lächelnden Gesichts. Manche murmeln sogar etwas, was auch so klingen könnte wie „Guten Morgen" – dann aber hängt jeder wieder seinen eigenen Gedanken nach. Es ist, als wäre für kurze Zeit ein kleiner Sonnenstrahl in unser Abteil gefallen, und ich finde, dass mancher gar nicht mehr so verdrießlich aussieht.

Ob diese junge Frau sich auf die Aufgabe des vor uns liegenden Tages freut? Ob sie einfach gern unter Menschen ist, weil sie die Menschen mag? Ist sie vielleicht nur allzu optimistisch veranlagt oder ist sie geborgen in einer großen Liebe und strahlt davon etwas für uns aus? Ich weiß es nicht, aber ich spüre etwas davon, dass man seine Pflichten auch fröhlich angehen kann – selbst morgens um fünf Uhr, wenn man sie liebt oder wenn man die liebt, für die sie zu erfüllen sind, oder den, der uns dafür die Kraft gab.

Wir bauten nach langen Vorarbeiten endlich ein neues Heim für ältere Menschen. Es war immer wieder schön zuzusehen, wie die Zusammenarbeit von Handwerkern und Architekt uns voranbrachte und wie das Gebäude wuchs.

Zwei Handlanger der Maurer fielen mir auf, die jeden Tag Steine und Mörtel aufs Gerüst trugen. Der eine war immer unzufrieden und mürrisch. Er tat zwar alles, was von ihm verlangt wurde, aber man sah es ihm an: Er tat es nicht gern. Dem anderen schien seine Arbeit Freude zu machen. Ein neugieriger Passant fragte die beiden: „Was machen Sie da?" „Ich trage Steine", knurrte der eine. „Wir bauen ein Haus für alte Leute", sagte stolz der andere.

Das erklärte mir, warum sie so unterschiedlich waren. Einer sah nur seine Arbeit und die Mühe, die er damit hatte – der andere sah das Ziel. Ich konnte mir vorstellen, dass er bei seinem Tun daran dachte, dass die sich wohl fühlen sollten, die eines Tages hier leben würden.

Herr,
ich habe Zeit.
Ich habe meine Zeit für mich.
Alle Zeit, die du mir gibst,
die Jahre meines Lebens,
die Tage meiner Jahre,
die Stunden meiner Tage,
sie gehören mir.
An mir ist es, sie zu füllen,
ruhig und gelassen,
aber sie ganz zu füllen,
bis zum Rande,
um sie dir darzubringen,
damit du aus ihrem
schalen Wasser
einen edlen Wein machst,
wie du es einst tatest, zu Kana,
für die Hochzeit der Menschen.
Herr, ich bitte dich heute
nicht um die Zeit,
dieses und dann noch
jenes zu tun.
Ich bitte dich um die Gnade,
in der Zeit, die du mir gibst,
gewissenhaft das zu tun,
was du willst, das ich tun soll.

„Der Sommer" von Caspar David Friedrich zeigt ein junges Paar, Mann und Frau, im Sommer ihres Lebens. Ein turtelndes Taubenpaar auf einem Ast, rote Rosen und weiße Lilien: Liebe und Unschuld in vollendeter Harmonie. So verschmelzen auch Birke und Pappel optisch zu einem Baum, der hoch in den Himmel ragt – wo nach einem geflügelten Wort die Ehen gestiftet werden.

14

15

Keine Zeit?

„Mutti, warum willst du nicht mit mir
spielen?"
„Weil ich keine Zeit habe."
„Warum hast du keine Zeit?"
„Weil ich arbeiten muss."
„Warum arbeitest du?"
„Um Geld zu verdienen."
„Warum verdienst du Geld?"
„Um dir Essen zu geben."
Kleine Pause.
Dann sagt Nelly: „Mutti, ich habe keinen Hunger."

Oft hindern uns mancherlei Pflichten daran, zu merken, was Menschen von uns erwarten. Wir haben so viel zu tun und lassen uns davon so gefangen nehmen, dass wir nicht spüren, was ein Mensch braucht. Wenn wir aber merken, dass wir denen, die wir lieben, nicht mehr geben können, was sie brauchen, werden unsere Pflichten zur Last – und wir tun sie verdrossen.

Es ist dann nicht leicht, einen neuen Anfang zu finden – das Wichtige vom weniger Wichtigen zu unterscheiden – die eigene Zeit neu zu ordnen – der Liebe Raum und Zeit zu geben. Es ist dann schwer, auch unsere Pflichten noch zu lieben, denn sie scheinen unserem eigentlichen Leben nur hinderlich zu sein. Doch auch die Zeit unserer alltäglichen Pflichten ist Zeit unseres Lebens – zu wertvoll, um sie lieblos zu vertun – zu schön, um sie verdrossen zu vertreiben.

Paulus wusste:

In Pflicht und Freude sind wir von Gott Geliebte, in Pflicht und Freude leben wir unsere Liebe zu ihm. Darum kann Pflicht Freude sein.

Jeden Tag, an dem man Liebe erfährt, sei sie auch noch so unbeholfen und klein, und jeden Tag, an dem man sich traut, noch zu lieben, sei es auch noch so zaghaft und zögernd, sollten wir feiern.

Gerechtigkeit ohne Liebe macht hart

Jesus erzählte dazu seinen Jüngern eine Geschichte – die Geschichte vom Pharisäer und dem Zöllner.

Da steht ein Gerechter im Tempel und dankt Gott. Der Mann ist eigentlich ganz in Ordnung. Er hat noch niemanden überfallen oder beraubt, er hat niemanden betrogen, in seiner Ehe gibt es keine besonderen Probleme und so unberechenbar eigennützig wie ein Zöllner ist er auch nicht. Er übt Enthaltsamkeit und spendet reichlich für die Armen. Er ist ein guter Mensch, ein Gerechter, einer, dem niemand etwas nachsagen kann, der nicht ins Gerede kommt. Gott könnte seine Freude an ihm haben – darüber ist er dankbar und zufrieden.

Ganz deutlich sichtbar steht er da im Tempel. Er hat ja auch nichts zu verbergen, er kann sich sehen lassen – er mit seiner weißen Weste. Natürlich: Wenn er wäre wie der Zöllner, dann würde er auch abseits stehen. Er würde sich auch nicht ins Licht der Öffentlichkeit trauen. Er würde wie der Zöllner niemanden anzusehen wagen, und vor Gott würde er schamrot werden. Aber er ist er ja nicht wie der betrügerische Zöllner, den er nicht mag, den er verachtet, den er links liegen lässt. Er ist gerecht, bei ihm ist alles klar – er kann doch stolz auf sich sein! Er ist gerecht, er braucht keine Barmherzigkeit. Aber wenn alle so wären wie er, dann wäre die Welt in Ordnung. Und wenn viele nicht so sind wie er, dann liegt das doch nicht an ihm – schließlich muss jeder selbst sehen, wo er bleibt. Von Liebe sollte man da nicht reden. Liebe gehört in den ganz privaten Bereich. Wo es um Gerechtigkeit geht, ist Liebe nur störend, da verwischt sie die klaren Fronten. Man kann doch nicht einfach fünf gerade sein lassen, Recht muss doch Recht bleiben – wo kämen wir sonst hin? So steht er da, der Gerechte – Mahner für Recht und Ordnung –, ein lebendiger Vorwurf gegen alle Schwachen und Sünder.

Solche Gerechten kennen wir doch! Solches Gerechtsein ist uns doch nicht fremd. Mit dem langen Finger des Gerechten zeigen wir auf die Fehler der anderen und freuen uns, dass wir nicht sind wie sie. Von solcher Gerechtigkeit leben die Klatschspalten in den Zeitungen, die Fehler der anderen sind der Stoff vieler Gespräche. Aus dem, was unsere Gerechtigkeit ist, werden unsere Vorurteile geboren, brandmarken wir das uns Fremde. Denn schließlich haben auch wir unsere Grundsätze – müssen auch wir uns an die Spielregeln halten. So verkriechen wir uns in den Panzer unserer Gerechtigkeit. Da sind wir sicher – da kommt keiner ran. Doch wächst da nicht die Gefahr, dass wir bald nicht mehr rauskommen aus unserem Panzer, dass wir erstickt werden von unserer Gerechtigkeit, dass wir verdursten und vertrocknen ohne Liebe? Nicht alle Rechtschaffenen schaffen Recht, aber alle Liebenden schaffen die Wärme, die zum Gedeihen des Lebens nötig ist.

Erst wenn unsere Gerechtigkeit von der Liebe bestimmt ist, werden wir erspüren, dass Barmherzigkeit mehr ist als Opfer. Wir werden weiter Sünde und Ungerechtigkeit hassen, aber den Sünder und den Ungerechten in unserer Liebe bergen.

Zu viele leben im Panzer ihrer Gerechtigkeit,
zu vielen versteinerte das Herz,
zu viele sehen auf ihren eigenen Weg,
bei zu vielen muss
das Weltbild stimmen.
Liebende leben von der Vergebung.
Nur unsere Liebe
gibt Zeugnis von dem,
der seine Gerechtigkeit
in seiner Liebe verbarg.

Gott wirkt durch deine Hände:
Du kannst sie öffnen oder schließen,
du kannst zärtlich sein
oder Fäuste ballen.
Brichst du dem Hungrigen dein Brot
und stützt du den Schwachen,
dann bringst du Liebe in die Welt
und Güte und Gott.

Wer ist unser Nächster? Nicht Priester noch Levit – die eilen gerade nach links aus dem Bild heraus. Unser Nächster ist hier der Fremde, ein „Barmherziger Samariter". Das gleichnamige Gemälde von Paula Modersohn-Becker führt über sich schneidende Diagonalen den Blick der Betrachter dorthin, wo sich das selbstlose Werk der Nächstenliebe ereignet. Ein uraltes Thema in radikal modernem Gewand.

Wenn du die Faust ballst,
wenn du von dir stößt
einen, der dich braucht –
dann werden sie fragen:
„Wo ist Gott in dieser Welt?"

Wenn wir Kriege führen,
einander unglücklich machen,
statt Brot Panzer bezahlen –
dann werden sie fragen:
„Wo ist Gott in dieser Welt?"

Gott wirkt durch deine Hände –
so oder so.
Wenn deine Hände segnen,
werden sie seinen Namen segnen,
wenn deine Hände Fluch bringen,
werden sie seinem Namen fluchen.

Gott braucht deine Hände,
deine Augen, deinen Mund.
Gott braucht die Mütter,
um durch sie Liebe zu lehren,
Gott braucht die Liebenden,
um durch sie Liebe zu schenken.

Erst wenn Gott durch unsere Liebe
in dieser Welt wirkt,
können wir glaubwürdig
von Gott sprechen.

Peter Paul Kaspar

Man überschätzt leicht das eigene Wirken und Tun in seiner
Wichtigkeit gegenüber dem, was man durch andere geworden ist.

Dietrich Bonhoeffer

Wer ist der Sünder?

Es waren einmal zehn Bauern, die gingen miteinander über das Feld. Sie wurden von einem schweren Gewitter überrascht und flüchteten sich in einen halb zerfallenen Tempel. Der Donner aber kam immer näher, und es war ein Getöse, dass die Luft ringsum erzitterte. Kreisend fuhr ein Blitz fortwährend um den Tempel her. Die Bauern fürchteten sich sehr und dachten, es müsse wohl ein Sünder unter ihnen sein, den der Blitz schlagen wolle. Um herauszubringen, wer es sei, machten sie aus, ihre Strohhüte vor die Tür zu hängen; wessen Hut weggeweht werde, der solle sich dem Schicksal stellen.
Kaum waren die Hüte draußen, so ward auch einer weggeweht, und mitleidlos stießen die anderen den Unglücklichen vor die Tür. Als er aber den Tempel verlassen hatte, da hörte der Blitz zu kreisen auf und schlug krachend ein.
Der eine, den sie verstoßen hatten, war der einzige Gerechte gewesen, um dessentwillen der Blitz das Haus verschont hatte.
So mussten die neun ihre Hartherzigkeit mit dem Leben bezahlen.

Aus einem chinesischen Märchen

Seine Grundsätze soll man für die wenigen Augenblicke aufsparen, in denen es auf Grundsätze ankommt. Für das meiste genügt ein wenig Barmherzigkeit.

Albert Camus

Klugheit ohne Liebe macht kalt

Ein verständiger Mann trägt seine Klugheit nicht zur Schau.
Sprüche 12,23

Jeder Mensch lebt auf zwei Ebenen. „Auf der einen leistet man etwas, das von andern gesehen und beurteilt wird. Da hat man Erfolg oder Misserfolg, da wird man getrieben von Ehrgeiz und Machtwillen und Besitzgier und Eigennutz und Eitelkeit, und man ist in Unruhe und verzettelt sich in lauter Betrieb. Auf der anderen Ebene sieht einen ein anderes Auge, und man wird mit einem andern Maßstab gemessen, der lässt nichts gelten als das, was ganz ohne Berechnung getan wird, ganz ohne Egoismus, aus keinem anderen Motiv als dem der Liebe und der Freude. Ich bin von der einen Ebene auf die andere gesprungen, von der Erde in den Himmel."
Diese Worte sagt in Luise Rinsers Erzählung über Franz von Assisi ein Professor, der sich der Bewegung des Franz angeschlossen hat, zu einem jungen klugen Reporter, der herausfinden möchte, was es mit diesem Fantasten der Nächstenliebe auf sich hat.
Auf sein Bestreben, mit den Mitteln des Journalismus der Sache auf den Grund zu gehen, wird ihm erklärt:
„Sehen? Da sieht man nichts. Das muss man mitleben und nicht nur für einen Tag und drei Wochen, sondern für immer, ohne auch nur ein einziges Mal zu kneifen."

In der Spannung von Klugheit und Liebe spiegelt sich der Unterschied von Wissen und Verstehen. Manche Menschen wissen viel, aber sie verstehen wenig, manche hingegen wissen nur wenig, aber sie verstehen fast alles. Davon lesen wir auch im Neuen Testament. Vielen klugen Leuten begegnet Jesus – doch kaum einer von ihnen versteht ihn in der Unergründlichkeit seiner Liebe. Nur jene einfachen Leute, die dem Ruf in die Nachfolge keine klugen Argumente entgegensetzen, erfahren, wer er in Wahrheit ist.

Manch kluger Mensch ist uns unheimlich, weil er alles zu seinem Vorteil zu deuten und zu wenden vermag – er verfällt der Eitelkeit des Überlegenen, aber dem, was Menschlichkeit und Leben bedeutet, ist er unendlich fern.

Solcherart kluge Menschen gebärden sich gern, als hätten sie die Wahrheit gepachtet, denn sie verwechseln zu ihren Gunsten Wissen und Wahrheit. Sie bedenken nicht gern, dass man dem andern „die Wahrheit wie einen Mantel hinhalten sollte, dass er hineinschlüpfen kann, sondern schlagen sie ihm wie einen nassen Lappen um die Ohren" (Max Frisch). Eine Wahrheit auf Kosten der Liebe aber ist keine Wahrheit, weil sie Leben zerstört.

Dietrich Bonhoeffer schreibt dazu: „Wem die Wahrnehmungsfähigkeit der Liebe fehlt, der ist trotz allen Wissens und bei aller Argumentationsschärfe in Wahrheit nicht klug – schlau sollte man ihn besser nennen, denn Klugheit umfasst die Erkenntnis, dass zum Leben des Menschen die Liebe zum Nächsten gehört. Wer hält stand? Allein der, dem nicht seine Vernunft, sein Wissen, seine Freiheit, seine Tugend der letzte Maßstab ist, sondern der dies alles zu opfern bereit ist, wenn er im Glauben und in alleiniger Bindung an Gott zu gehorsamer und verantwortlicher Tat gerufen ist."

Wenn andre klüger sind als wir, das macht uns selten nur Pläsier, doch die Gewissheit, dass sie dümmer, erfreut fast immer.

Wilhelm Busch

In menschlicher Gemeinschaft sind Güte und Liebe das Beste. Wenn einer, der sich eine Heimstatt sucht, sich nicht seinen Platz auswählt unter den Gütigen und Liebenden, kann man den klug nennen?

Aus dem Chassidismus

Die Minne ist ein zentrales Thema der berühmten mittelalterlichen Manessischen Liederhandschrift. Ob das Liebeswerben unseres Galans zum Erfolg geführt hat, ist indessen ungewiss, denn die Buchmalerei spielt auf eine antike Sage an: In der nämlich machte die Angebetete das Seil fest. Der Verehrer verbrachte die Nacht auf halber Höhe im Korb baumelnd und wurde anderntags zum Gespött der Leute.

Freundlichkeit ohne Liebe macht heuchlerisch

Zur Feier eines Firmenjubiläums waren viele Gäste eingeladen – nur wenige kannten sich etwas näher, die meisten waren einander fremd. So war ich erstaunt über die große Freundlichkeit, mit der man einander begegnete. Sehr bald kam auch jemand auf mich zu mit einem fröhlichen „Hallo, wie geht's?"

Ich war angenehm berührt, aber ehe ich antworten konnte, hatte er sich schon mit der gleichen Frage an den Nächsten gewandt. Dann kam wieder jemand zu mir – er fragte dasselbe, aber seine Haltung zeigte, er wollte gar nicht wissen, wie es mir geht. Alle waren voller Freundlichkeit – aber keiner hatte Interesse am anderen. Beim dritten Frager antwortete ich schon schnell: „Es geht." Aber es geht nicht. Im Galaterbrief nennt der Apostel Paulus die Freundlichkeit eine Frucht des Geistes. Er wird wohl auch solche Menschen gekannt haben, denen eine lieblose Freundlichkeit auf das Gesicht gefroren war. Davon hält er nichts – und er tut recht daran. Aber eine aus dem Geist Gottes, dem Geist der Liebe geborene Freundlichkeit gefällt ihm sehr, denn sie ist ein Schlüssel zum Herzen des Nächsten.

„Die Christen sollen ein fein tapfer Volk sein und doch freundlich, dass eine ernste Freundlichkeit und ein freundlicher Ernst sei, wie Christi Leben uns im Evangelium vorgebildet ist."

So schrieb der Reformator Martin Luther. Er meinte jene heitere Freundlichkeit im Umgang mit dem Nächsten, die sich von allem mürrischen Wesen freihält und die, weil sie von Herzen kommt, auch als Liebenswürdigkeit bezeichnet werden könnte. Solche Freundlichkeit, das wusste schon der weise Salomo, überbrückt viele Gräben, die den Menschen vom Menschen trennen.

In den Sprüchen steht:

„Sorge im Herzen bedrückt den Menschen; aber ein freundliches Wort erfreut ihn."

„Freundliche Reden sind Honigseim, trösten die Seele und erfrischen die Gebeine."

Salomo aber kannte wohl auch schon jene Freundlichkeit, die unser Herz frieren lässt. Sie verstellt nur Gesicht und Stimme wie der Wolf bei den sieben Geißlein, aber sie lässt die herzliche Anteilnahme vermissen. Wie anders wäre wohl seine Warnung zu verstehen:

„Iss nicht bei einem Neidischen und wünsche dir von seinen feinen Speisen nichts; denn in seinem Herzen ist er berechnend; er spricht zu dir: Iss und trink!, und sein Herz ist doch nicht mit dir. ... deine freundlichen Worte sind verloren." (Sprüche 23, 6-8)

Das meinte wohl auch Martin Luther mit dem Satz: „Alle falsche Freundlichkeit geht darauf aus, umso bessere Gelegenheit zu haben, jemandem zu schaden."

Wie freundlich redete Jesus mit seinen Jüngern – wie schnell öffnete er sich den Weg zu den Herzen der Armen und Kranken und Schuldbeladenen mit seiner großen Freundlichkeit. Er sagte nicht: „Wie geht's?", nur um schnell weiterzugehen – er sagte: „Was soll ich für dich tun?", weil ihm keiner gleichgültig war, weil er die liebte, die ihn brauchten.

Bei Antoine de Saint-Exupéry lesen wir: „Christen sollen nicht unfreundlich und launisch sein, sondern sanftmütig, gütig und leutselig; es sollen Menschen sein, mit denen jeder gern umgeht, die die Fehler ihrer Mitmenschen nicht auf die Goldwaage legen, ja sie sogar zum Guten wenden."

Als ich heute Abend in der Einöde meiner Liebe einherging, begegnete ich einem kleinen Mädchen in Tränen. Ich bog seinen Kopf zurück, um in seinen Augen zu lesen. Und sein Kummer hat mich geblendet. Wenn ich es ablehne, Herr, ihn kennen zu lernen, lehne ich einen Teil der Welt ab und habe mein Werk nicht vollendet. Es geht nicht darum, dass ich mich von meinen großen Zielen abwende, aber es gilt, dieses kleine Mädchen zu trösten! Denn nur dann geht alles gut in der Welt.

Antoine de Saint-Exupéry

Von wegen Liebe: Im „Ehekontrakt" von William Hogarth geht es dem Brautvater in der Bildmitte nur darum, seine Tochter mit viel Geld in eine Adelsfamilie mit Stammbaum zu verheiraten. Die Braut indes spielt gelangweilt mit einem Tuch, das sie durch einen Ring gefädelt hat, während ihr Zukünftiger nicht ihr, sondern selbstverliebt seinem Spiegelbild zugewandt ist: ein satirisches Suchbild, das unsere Vorstellungen von wahrer Liebe auf den Kopf stellt.

Ordnung ohne Liebe macht kleinlich

Da ging Jesus eines Tages mit seinen Jüngern durch ein Kornfeld – so berichtet der Evangelist Matthäus: Die Ähren waren reif und voll – den Jüngern knurrte der Magen, weil sie schon längere Zeit nichts zu essen hatten. So streiften sie, wie damals in Palästina üblich und erlaubt, am Wegrand einige Ähren ab, rieben die Körner heraus und aßen sie, um ihren Hunger zu stillen. Es war aber ein Sabbat, und nach den Ordnungen und Regeln dieses Tages galt ihr Tun als ernten, und dies nun war am Sabbat nicht erlaubt. Einige um Recht und Ordnung besonders bemühte Menschen – Pharisäer genannt – brachten denn auch gleich ihren Unmut über solche Missachtung der Sabbatregeln Jesus gegenüber zum Ausdruck: Sieh dir das nur an – deine Jünger tun, was am Sabbat nicht erlaubt ist. So geht das nicht. Das ist gegen die Ordnung. Diese Pharisäer verstanden dann auch nicht, was Jesus zugunsten seiner Jünger sagte. Es war ihnen verdächtig, wie er die Menschlichkeit gegen die Ordnung ins Spiel brachte, und sie kamen zu dem Schluss, dass man einen solchen, der sich nicht an die Spielregeln hielt, nicht frei gewähren lassen konnte.

Auf einer Urlaubsreise mit dem Wagen ins Ausland hatten wir uns in unserem Zielort restlos verfahren, sodass wir unsere gebuchte Unterkunft nicht finden konnten. Durch das Gewirr von Einbahnstraßen halfen uns auch nicht die Gesten der hilfsbereiten Einheimischen. Endlich entdeckten wir eine Touristeninformation. Aber ausgerechnet dort war ein Halteverbot. In unserer Not hielten wir trotzdem dort. Eine Polizeistreife, die dies sah, forderte uns zur Weiterfahrt auf. Mühsam erklärte ich, worin unsere Schwierigkeit bestand, und zeigte den beiden Polizisten einen Zettel mit der Anschrift unserer Pension. Sie verständigten sich kurz untereinander, und dann machten sie durch Zeichen deutlich, dass wir ihnen folgen sollten. Langsam fuhren sie vor uns durch die verwinkelten schmalen Straßen und brachten uns sicher ans Ziel.

Statt eines Strafmandats hatten wir Hilfe gefunden, und obendrein war – wenn auch auf ungewöhnliche Weise – die Ordnung wieder hergestellt. So einfach, dachte ich, ist das mit der Ordnung und mit der Liebe.

Natürlich – Ordnung muss sein, sie erleichtert manches im Leben. Bei der Straßenverkehrsordnung leuchtet das noch am meisten ein. Die Verkehrsampeln verhüten Unfälle. Kein Autofahrer protestiert gegen sie. Keiner sagt, der Mensch sei intelligent und erwachsen genug, um das alles allein zu regeln.

Auch eine Tagesordnung finden wir normal und hilfreich. Eine Aktenordnung lässt uns einen Brief, den wir suchen, schneller finden, und eine Hausordnung regelt das Miteinander der Mietparteien. Selbst die christliche Gemeinde hat ihre Ordnungen – für den Gottesdienst, den Dienst am Nächsten, den Kirchenvorstand und die Gemeindeversammlung. Das ist auch gut so, denn Ordnung gibt Sicherheit, sie klärt die Zuständigkeiten, sie beugt gegenseitiger

Belästigung vor und leitet alles in geregelte Bahnen. Das ist wichtig – damit sollten wir es uns nicht allzu leicht machen.

Und so gibt es genug Menschen, die sorgfältig auf die Ordnung achten – viele so wie die Pharisäer bei Jesus und den Jüngern mit kleinlicher Genauigkeit, einige so wie die beiden Polizisten an unserem Urlaubsort mit menschlicher Gelassenheit. Ich weiß nicht, ob die beiden das Neue Testament gut kannten. Jedenfalls waren sie beispielhaft für eine Auslegung des Jesus-Wortes vom Sabbat, der um des Menschen willen gemacht ist. Für eine Ordnung, die nur durch die Liebe menschlich wird.

Das Evangelienbuch Heinrichs III. zeigt vier Personen, die dem Gedränge vor dem Haus ausgewichen sind und einen Gelähmten durch ein Loch im Dach herablassen, Jesus direkt vor die Füße. Sie handeln voller Vertrauen in Jesus. Der nimmt ausdrücklich darauf Bezug, als er den Kranken heil macht. Später werden die vier als die ersten Diakone bezeichnet. Ihre Nächstenliebe speist sich allein aus ihrem Glauben an Gott.

Ein ruhiges Haus…

… sagen Sie? Ja, jetzt ist es ein ruhiges Haus. Aber noch vor Kurzem war es die Hölle. Über uns und unter uns Familien mit kleinen Kindern, stellen Sie sich das vor. Das Geheul und Geschrei, die Streitereien, das Trampeln und Scharren der kleinen zornigen Füße. Zuerst haben wir nur den Besenstiel gegen den Fußboden und gegen die Decke gestoßen. Als das nichts half, hat mein Mann telefoniert. Ja, entschuldigen Sie, haben die Eltern gesagt, die Kleine zahnt, oder die Zwillinge lernen gerade laufen.

Natürlich haben wir uns mit solchen Ausreden nicht zufriedengegeben. Mein Mann hat sich beim Hauswirt beschwert, jede Woche einmal, dann war das Maß voll. Der Hauswirt hat den Leuten oben und den Leuten unten Briefe geschrieben und ihnen mit der fristlosen Kündigung gedroht. Danach ist es gleich besser geworden. Wie sie die Kinder zum Schweigen gebracht haben? Ja, genau weiß ich das nicht. Ich glaube, sie binden sie jetzt an den Bettpfosten fest, so dass sie nur kriechen können.

Das macht weniger Lärm. Wahrscheinlich bekommen sie starke Beruhigungsmittel. Sie schreien und juchzen nicht mehr, sondern plappern nur noch vor sich hin, ganz leise, wie im Schlaf. Jetzt grüßen wir die Eltern wieder, wenn wir ihnen auf der Treppe begegnen. Wie geht es den Kindern, fragen wir sogar. Gut, sagen die Eltern. Warum sie dabei Tränen in den Augen haben, weiß ich nicht.

Marie Luise Kaschnitz

Jesus spricht: Was ihr nicht getan habt einem von diesen Geringsten, das habt ihr mir auch nicht getan.

Matthäus 25,45

Besitz ohne Liebe macht geizig

Jesus war kein Nationalökonom, er kannte keine Statistik, er dachte nicht an Gesetze, er politisierte nicht, aber er hatte für das sittlich Unerträgliche die offensten Augen, die es je gegeben hat. Unerträglich aber war seinem zarten und tiefen Gefühl das Nebeneinander von Überfluss und Mangel. Was heute tausend Gewohnheitschristen ohne Grauen täglich ansehen können, dass Schwelgerei und Hunger in derselben Straße wohnen, das beunruhigte die Seele Jesu. Wenn es ihn nicht beunruhigt hätte, so hätte er nicht immer wieder von Reich und Arm geredet, hätte er nicht den Mann im Purpur und den Mann mit den Schwären zu einem ewigen Bilde vereinigt.

Dies war die Ansicht von Friedrich Naumann, Pfarrer und Sozialpolitiker der Jahrhundertwende.

In einer Weihnachtsgeschichte schildert der englische Romanschriftsteller Charles Dickens den Geizhals Scrooge. Er ist habgierig und egoistisch. Hin und wieder erscheint ihm – fast wie ein zweites Ich – der Geist des verstorbenen Teilhabers, des Wucherers Marley. Einmal spricht Scrooge mit ihm über seine Geschäfte. Doch Marley erklärt ihm traurig:

„Die Geschäfte! Mein Geschäft hätte darin bestehen sollen, mehr Menschlichkeit zu besitzen. Um das Gemeinwohl, Liebe und Güte, darum hätte ich mich mehr kümmern sollen. Ich lebte unter meinen Mitmenschen, die Augen stets auf den Boden gerichtet. Warum habe ich nie aufgeblickt zu dem legendären Stern, der die Weisen zu einem Stall führte? Es hätte sicher noch andere arme Hütten gegeben, zu denen mich sein Licht hätte geleiten können!"

Arme Hütten gibt es auch bei uns. Menschen, die nach Menschlichkeit hungern, sind oft unsere Nachbarn. Wir haben viele Gelegenheiten, unsere Nächstenliebe zu zeigen. Nur selten sind dafür große und aufregende Aktionen nötig. Teilnehmen lassen an dem, was wir haben, ist meistens ein Alltagsgeschäft. Wir haben Zeit – nutzen wir sie dazu, einem einsamen Alten zuzuhören oder einen Brief für ihn zu schreiben. Wir haben Familie – wir können die Aussiedlerfamilie, die neu in unsere Gegend kam, einmal einladen und ihr Gemeinschaft schenken.

Wir haben bezahlte Arbeit – helfen wir mit, dass unser Nachbar daran teilhat. Wir haben gute Kenntnis der deutschen Sprache und unserer Gesetze – begleiten wir den Ausländer von nebenan auf seinen Behördengängen. Wir haben genügend Geld und gut zu essen – es gibt Menschen in unserer Nähe, die das nicht haben, die unserer Hilfe bedürfen.

Wenn wir bedenken, was alles wir Gott zu verdanken haben, wird es uns leichter, unseren Reichtum zu teilen.

Von der Barmherzigkeit

Vor einiger Zeit saß ich mit zwei Wirtschaftsmanagern zusammen. Einer von ihnen leitet ein großes deutsches Unternehmen, der andere lebt im Auftrag seiner Firma seit vielen Jahren in Mexiko. Zunächst berichtete dieser voller Sorgen über die große Verelendung unter der mexikanischen Bevölkerung, dann aber wandte sich das Gespräch einem großen Industriellen zu, der sich aus kleinen Anfängen hochgearbeitet hatte und der heute – über 80-jährig – einem Weltkonzern vorsteht. Bewundernd sagte der deutsche Unternehmer: „Von den Ärmsten ist der weit weg." „Ja", nahm der Mann aus Mexiko diesen Satz auf, „von den Ärmsten ist der weit weg." Aber bei ihm klang das recht nachdenklich.

Den Namen des Industriellen, den die beiden meinten, kennt die halbe Welt – die Elenden und Armen aber haben für uns keinen Namen. In den Berichten des Neuen Testaments über Jesus ist das ganz anders. Da hören wir von einem Blinden, der Bartimäus hieß, und von einem Armen mit Namen Lazarus. Die Namen derjenigen, denen der blinde Bartimäus lästig war, und den des Reichen, der sich vom Elend des Lazarus nicht anrühren ließ, kennen wir nicht. Nur wer den Armen und Elenden nahe bleibt, behält vor Gott seinen Namen.

Das liegt wohl daran, dass Jesus den Armen näher stand als den Reichen, den Kranken näher als den Gesunden, den Schuldbeladenen näher als den Gerechten, den Versagern näher als den Erfolgsgewohnten. Für ihn kommt es also darauf an, von den Ärmsten nicht so weit weg zu sein. Er zeigt uns, dass die Elenden, die Gescheiterten für uns wichtig sind, dass das, was vor unserer Tür geschieht, uns angeht. Und doch ist es so, dass auch uns der Umgang mit den Wohlhabenden und Angesehenen, mit den Tonangebenden angenehmer und sicher auch nützlicher ist als die Nähe zu denen, die aus der Bahn geworfen sind, die keinen Halt mehr haben, die vor den Türen des Wohlstandes liegen.

Nur allzu oft bleibt auch bei uns das Erbarmen auf der Strecke, weil wir bestrebt sind, gut über die Runden zu kommen. Er aber sagt: „Selig sind die Barmherzigen, denn sie werden Barmherzigkeit erlangen."

Es gibt viel Elend, viel Einsamkeit und viel Angst in aller Welt und in meiner Nähe. Darum bete ich mit einem Dichter unserer Tage: „Herr, gib, dass es mir niemals fehlt an dem, wonach ihr Herz sich quält: ein bisschen Brot und viel Erbarmen."

In Peter Paul Rubens' „Geißblattlaube" posiert der Maler selbst mit seiner Frischvermählten Isabella Brant. Mehrfache Berührungen spiegeln ihre Verbundenheit: seine Hand an ihrem Hut, ihr Kleidersaum an seinem Fuß. Isabella sitzt niedriger als ihr Ehemann, legt aber ihre Hand auf die seine – eine selbstbewusste Geste, die auf ein ausgewogenes, von gegenseitigem Respekt getragenes Bündnis fürs Leben hindeutet.

Ehre ohne Liebe macht hochmütig

Jesus redet eines Tages mit seinen Jüngern und anderen Anwesenden über die Schriftgelehrten und Pharisäer. Er schildert sie als kluge Menschen, deren Worte man wohl beachten soll, aber er beklagt ihren Ehrgeiz, der sie dazu verleitet, die Barmherzigkeit beiseitezulassen.

So steht es in Matthäus 23:

„Ihre Werke tun sie, damit sie von den Leuten gesehen werden. (...) Sie sitzen gern obenan bei Tisch und in den Synagogen und haben's gern, dass sie auf dem Markt gegrüßt und von den Leuten Rabbi genannt werden."

Ob er nur die Schriftgelehrten und Pharisäer gemeint hat? Tut es nicht auch mir ganz gut, wenn ich nicht übersehen werde, wenn mir ein Ehrenplatz angeboten wird, wenn andere meine Leistung loben? Lieber hören wir schon das Wort des Paulus an die Römer: „Ehre, dem die Ehre gebührt" und beziehen es gern auch auf uns, denn Anerkennung und Lob braucht jeder Mensch, und nichts kränkt uns mehr, als wenn wir uns in unserer Ehre verletzt fühlen. Schließlich spricht die Bibel ja auch davon, dass wir „einander mit Ehrerbietung zuvorkommen". Manchmal sollten wir wohl gerade in der christlichen Gemeinde einander ein wenig mehr anerkennen – uns durch Lob ermuntern und auf die Ehre des anderen bedacht sein.

Wenn wir anfangen, einander zu beobachten, zu beurteilen und einzuordnen, wenn wir zu prüfen beginnen, ob uns nicht ein wenig mehr Ehre zusteht als dem Nächsten, wenn in unserem Streben nach Ehre und Anerkennung die Liebe auf der Strecke bleibt, dann muss uns Jesu Wort zur Besinnung rufen: Wer unter euch besondere Anerkennung gewinnen will, der soll euer Diener sein (nach Markus 10,43).

*Fritz von Uhdes „Abendmahl" stellt Jesus mit seinen Jüngern als bäu-
erliche Runde beim Essen dar. Schon die frühen Christen trafen sich
regelmäßig zum Essen und feierten das Tischabendmahl als Sättigungs-
mahl. Man nannte es auch „Liebesmahl", weil es unter dem Zeichen der
Agape stand – der Liebe, die nach christlichem Verständnis niemanden
ausschließt, die Gemeinschaft herstellt und Versöhnung will.*

Glaube ohne Liebe macht fanatisch

So wie eine Kerze an der Flamme einer anderen angezündet wird, so entfacht sich Glaube am Glauben. Gewiss ist Gott es, der ihn wirkt, aber er wirkt ihn im Menschenwesen. Und so ist der Mensch dem Menschen Weg zu Gott.

Romano Guardini

In einer belebten Geschäftsstraße zog eine Gruppe junger Leute die Aufmerksamkeit der Passanten auf sich. Eben hatten sie noch ein Lied gesungen, und nun begann einer von ihnen mit lauter Stimme von der Sünde der Welt und von der Errettung durch Jesus zu reden. Er erinnerte daran, wie viel Geld seine vorübergehenden Zuhörer in dieser Straße für unnütze Dinge ausgeben würden und wie viel mehr Segen dieses Geld stiften könnte, wenn es für die Verkündigung des ewigen Heils verwendet würde. Eigentlich hatten diese jungen Leute ja gar nicht unrecht. Aber ich sah da ganz in ihrer Nähe, nur wenige Schritte entfernt, einen zerlumpten und vom Alkohol gezeichneten Bettler sitzen. Den schienen sie nicht zu bemerken. Mir aber klang, als ich den Bettler sah, die Stimme des jungen Eiferers um den Glauben zu schrill in den Ohren, und ich fragte mich: Wie wollen sie die Herzen der Menschen erreichen, wenn das Elend dieses Nächsten ihr eigenes Herz nicht berührt?

Die Worte eines großen Papstes fielen mir ein: „Je mehr einer für den ‚Himmel' begeistert ist, umso mehr muss er Hand anlegen, um hier auf der Erde Gerechtigkeit zu verwirklichen." Das wiederum erinnerte mich an eine Geschichte von Bertolt Brecht: Zu Herrn K. kam ein Philosophieprofessor und erzählte ihm von seiner Weisheit. Nach einer Weile sagte Herr K. zu ihm: „Du sitzt unbequem, du redest unbequem, du denkst unbequem." Der Philosophieprofessor wurde zornig und sagte: „Nicht über mich wollte ich etwas wissen, sondern über den Inhalt dessen, was ich sagte." „Es hat keinen Inhalt", sagte Herr K. „Ich sehe dich täppisch gehen, und es ist kein Ziel, das du, während ich dich gehen sehe, erreichst. Du redest dunkel, und es ist keine Helle, die du während des Redens schaffst. Sehend deine Haltung, interessiert mich dein Ziel nicht."

Auch unter den Christen gibt es manche, die sich mit der Aura eines Propheten umgeben und ständig mit dem Finger auf Menschen und Einrichtungen, auf die Reichen oder die Gesellschaft zeigen und sie ihrer Kritik unterwerfen. Sie meinen, ohne Donner und Kanonenschlag könne man gewisse Leute nicht aufwecken.
Der Apostel Paulus – selbst auch nicht gerade zaghaft in der Rede von Jesus – zog eine andere Weise vor: Seid für niemanden ein Ärgernis – eure Liebe sei langmütig. Mein Jesus eiferte auch für Gottes Sache.

Das aber hinderte ihn nicht, den Blinden, Lahmen, Aussätzigen und Sündern mit seiner Liebe zu begegnen. Ein prophetisches Engagement, laute Erklärungen und ein blitzendes Auge à la Napoleon gefallen vielleicht manchem wohl – wenn sie aber nicht von der Liebe Christi zu den Elenden dieser Welt durchdrungen sind, sollten wir nicht allzu viel Zeit damit verlieren, ihnen zuzuhören. Denn „wenn ich prophetisch reden könnte und wüsste alle Geheimnisse und alle Erkenntnis und hätte allen Glauben, sodass ich Berge versetzen könnte, und hätte die Liebe nicht, so wäre ich nichts."

Klassische Rollenverteilung: Er arbeitet, sie liest. Doch gehören beide Sphären zusammen. Die zwei sitzen einander zugewandt. Quentin Massys hat den „Goldwäger und seine Frau" als wohlhabende Bürger dargestellt. Es geht ihnen gut. Aber der Spiegel, der die Außenwelt ins Bild hineinnimmt, macht ihnen ihre zerbrechliche Existenz stets gegenwärtig. Ein stummes, einvernehmliches Gespräch über das Leben.

Ein Leben ohne Liebe ist sinnlos

Ein Mensch von gründlicher Natur
Macht bei sich selber Inventur.
Wie manches von den Idealen,
Die er einst teuer musste zahlen,
Gibt er, wenn auch nur widerwillig,
Weit unter Einkaufspreis, spottbillig.
Auf einen Wust von holden Träumen
Schreibt er entschlossen jetzt: „Wir räumen!"
Und viele höchste Lebensgüter
Sind nur mehr alte Ladenhüter.
Doch ganz vergessen unterm Staube
Ist noch ein Restchen alter Glaube,
Verschollen im Geschäftsbetriebe
Hielt sich auch noch ein Quentchen Liebe,
Und unter wüstem Kram verschloffen,
Entdeckt er noch ein Stückchen Hoffen.
Der Mensch, verschmerzend seine Pleite,
Bringt die drei Dinge still beiseite
Und lebt ganz glücklich bis zur Frist,
Wenn er noch nicht gestorben ist.

Eugen Roth

Ein guter Mensch am Höllentor

Die Hölle war total überfüllt, und noch immer stand eine lange Schlange am Eingang. Schließlich musste sich der Teufel selbst herausbegeben, um die Bewerber fortzuschicken. „Bei mir ist alles so überfüllt, dass nur noch ein einziger Platz frei ist", sagte er. „Den muss der ärgste Sünder bekommen. Sind vielleicht ein paar Mörder da?"

Und nun forschte er unter den Anstehenden und hörte sich deren Verfehlungen an. Was auch immer sie erzählten, nichts schien ihm schrecklich genug, als dass er dafür den letzten Platz in der Hölle hergeben mochte. Wieder und wieder blickte er die Schlange entlang.

Schließlich sah er einen, den er noch nicht befragt hatte. „Was ist eigentlich mit Ihnen – dem Herrn, der da für sich allein steht? Was haben Sie getan?"

„Nichts", sagte der Mann, den er so angesprochen hatte. „Ich bin ein guter Mensch und nur aus Versehen hier. Ich habe geglaubt, die Leute ständen hier um Zigaretten an."

„Aber Sie müssen doch etwas getan haben", sagte der Teufel. „Jeder Mensch stellt etwas an."

„Ich sah es wohl", sagte der ‚gute Mensch', „aber ich hielt mich davon fern. Ich sah, wie Menschen ihre Mitmenschen verfolgten, aber ich beteiligte mich niemals daran. Sie haben Kinder hungern lassen und in die Sklaverei verkauft; sie haben auf den Schwachen herumgetrampelt. Überall um mich herum haben Menschen von Übeltaten jeder Art profitiert. Ich allein widerstand der Versuchung und tat nichts."

„Absolut nichts?", fragte der Teufel ungläubig. „Sind Sie sich völlig sicher, dass Sie das alles mitangesehen haben?"

„Vor meiner eigenen Tür", sagte der ‚gute Mensch'.

„Und nichts haben Sie getan?", wiederholte der Teufel.

„Nein!"

„Komm herein, mein Sohn, der Platz gehört dir!"

Und als er den ‚guten Menschen' einließ, drückte sich der Teufel zur Seite, um mit ihm nicht in Berührung zu kommen.

Calderón

Der Lebensbogen hat sich gerundet – wie der Bogen, durch den wir mit dem niederländischen Maler Franz van Mieris auf das „Alte Ehepaar bei einer Mahlzeit" blicken. Die beiden sind versorgt mit allem Notwendigen – mit Essen, Trinken, ein paar Feldfrüchten, Blumen im Topf: So wünschen wir uns das Alter zu zweit auch heute noch. Ein vertrautes Gespräch nebenher und alles in freundliches Licht getaucht.

Das Leben der allermeisten Menschen ist ein mattes Sehnen und Quälen, ein träumerisches Taumeln durch die vier Lebensalter hindurch zum Tode, unter Begleitung einer Reihe trivialer Gedanken. Sie gleichen Uhrwerken, welche aufgezogen werden und gehen, ohne zu wissen warum; und jedes Mal, dass ein Mensch gezeugt und geboren worden, ist die Uhr des Menschenlebens aufs Neue aufgezogen, um jetzt ihr schon zahllose Male abgespieltes Leierstück abermals zu wiederholen, Satz vor Satz und Takt vor Takt, mit unbedeutenden Variationen.

Arthur Schopenhauer

Liebe ist Leben,
Leben ist Liebe.
Ohne Sich-Geben,
sag, Herz, was bliebe?
„Nicht Liebe,
nicht Leben."

Hans Franck

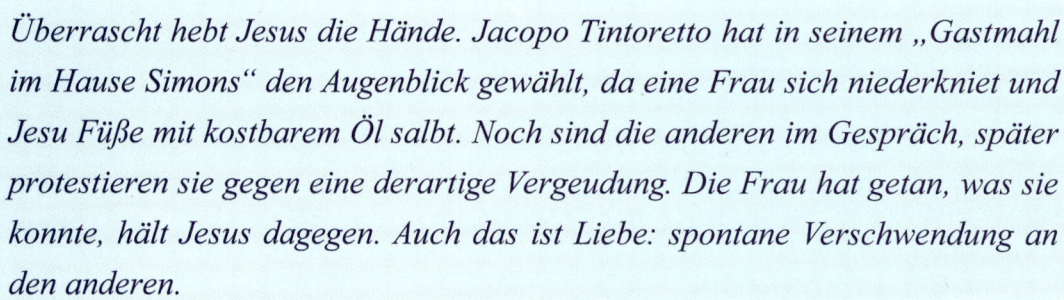

Überrascht hebt Jesus die Hände. Jacopo Tintoretto hat in seinem „Gastmahl im Hause Simons" den Augenblick gewählt, da eine Frau sich niederkniet und Jesu Füße mit kostbarem Öl salbt. Noch sind die anderen im Gespräch, später protestieren sie gegen eine derartige Vergeudung. Die Frau hat getan, was sie konnte, hält Jesus dagegen. Auch das ist Liebe: spontane Verschwendung an den anderen.

Ein Leben in Liebe ist Glück und Freude

Da liegt mein kleiner Enkel in seinem Wagen. Fünf Monate ist er alt. Schon erkennt er vertraute Menschen, und seine Bewegungen werden gezielter. Es macht richtig Freude, sich mit ihm zu beschäftigen. Am schönsten aber ist es, wenn seine Mutter sich über ihn beugt. Dann lacht sein ganzes Gesicht, und in diesem strahlenden Kindergesicht sind Glaube und Hoffnung und Liebe vereint. Noch versteht er die Welt nicht, die ihn umgibt – auch sich selbst versteht er wohl kaum –, er lebt noch ganz in der Liebe, die den Glauben und alle Hoffnung umfasst, die für ihn glaubt und für ihn hofft, und darin liegen für ihn das Glück und die Freude dieser Welt.

Die Schaufel liegt am Boden, der Alltag hält inne. Ganz klein macht sich der Vater und streckt die Arme aus: Ja, komm! Gleich wird das Kind die Arme der Mutter verlassen. „Erste Schritte" nannte van Gogh sein Bild. Mit ein paar Pinselstrichen hat er die Bildmitte zwischen den ausgebreiteten Armen des Vaters und des Kindes atmosphärisch aufgeladen, einen lichten Raum von Fürsorge und Vertrauen aufgespannt.

Wenn ihr nicht werdet wie die Kinder – sagt Jesus –, bleibt euch der Himmel verschlossen. Ein bisschen Wehmut mag uns befallen, wenn wir ein solch strahlendes Kindergesicht sehen, weil auf unserer Jagd nach Glück und Freude so oft die Liebe auf der Strecke blieb. Aber eine Ahnung davon ist uns geblieben, dass nur in der Liebe unser Leben seine Erfüllung findet.

Weil wir so oft von menschlicher Liebe enttäuscht werden, zeigt uns der Apostel Johannes einen anderen Weg in einen offenen Himmel: „Gott ist die Liebe", sagt er, „und wer in der Liebe bleibt, der bleibt in Gott und Gott in ihm." In dieser Liebe sind wir geborgen – sie umfasst uns, auch wenn wir die Welt und uns selbst nicht verstehen, sie lässt uns glauben, dass Gott für uns ist, sie lässt uns hoffen auf ein erfülltes Leben.

Nun aber bleiben Glaube, Hoffnung, Liebe, diese drei;
aber die Liebe ist die größte unter ihnen.

1. Korinther 13,13

Miteinander reden und lachen
Sich gegenseitig Gefälligkeiten erweisen
Zusammen schöne Bücher lesen
Sich necken,
aber auch einander Achtung erweisen
Mitunter sich auch streiten,
aber ohne Hass,
so wie man es nun einmal mit sich selbst tut
Manchmal auch in den Meinungen auseinandergehen
und damit die Eintracht würzen
Einander beleben und voneinander lernen
Die Ankommenden freudig begrüßen
Lauter Zeichen der Liebe und Gegenliebe,
die aus dem Herzen kommen
Sich äußern in Miene und Wort
und tausend freundlichen Gesten
Und wie Zündstoff den Geist in
Gemeinsamkeit entflammen,
sodass aus den Vielen eine Einheit wird.

Augustin

Am Ende die Rechnung

Einmal wird uns gewiss
die Rechnung präsentiert
für den Sonnenschein
und das Rauschen der Blätter,
die sanften Maiglöckchen
und die dunklen Tannen,
für den Schnee und den Wind,
den Vogelflug und das Gras
und die Schmetterlinge,
für die Luft,
die wir geatmet haben,
und den Blick auf die Sterne
und für alle die Tage,
die Abende und die Nächte.
Einmal wird es Zeit,
dass wir aufbrechen und
bezahlen. Bitte die Rechnung.

Doch wir haben sie
ohne den Wirt gemacht:
Ich habe euch eingeladen,
sagt der und lacht,
so weit die Erde reicht:
Es war mir ein Vergnügen!

Lothar Zenetti

Noch ereifern sich die Umstehenden in „Jesus und die Ehebrecherin". Sie sind hinterfangen von gewaltigen Tempelaufbauten, die die Atmosphäre der Drohung spürbar machen. Jesus dagegen umfängt die reuige Sünderin mit einem verzeihenden Blick. Rembrandt hat sie in weißes Licht getaucht, sie ist geläutert. Vergebung aus Liebe ist die Kunst, die Jesus lehrt und in die sich die Menschen einüben sollen.

Der Autor
Pastor i.R. Ulrich Heidenreich war von 1972 bis 1995 Vorsteher der diakonischen Einrichtung „Das Rauhe Haus" in Hamburg.

Textnachweis
Seite 31: Antoine de Saint-Exupéry, Als ich heute Abend …, © Karl Rauch Verlag, Düsseldorf 1956; Seite 50: Eugen Roth, Ein Mensch von gründlicher Natur …, © Eugen Roth Erben, München; Seite 60: Lothar Zenetti, Am Ende der Rechnung, aus: Sieben Farben hat das Licht, J. Pfeiffer Verlag, München 1975

Wir haben uns bemüht, alle Zitate zu verifizieren und mit einem Quellennachweis zu belegen. Dies ist uns in einigen Fällen nicht gelungen. Wir bitten die Autoren oder Verlage dieser Textstellen, mit uns Verbindung aufzunehmen.

Bildnachweis:
Titel: August Macke „Paar im Wald", 1912, © akg-images; Seite 4: Chichester, Kathedrale, Ausschnitt Chagall-Fenster „Lobet den Herrn in seinem Heiligtum", Glasmalerei 1978, © akg-images/Yvan Travert, © Marc Chagall/VG Bild-Kunst 2012; Seite 8: Carl Spitzweg „Der ewige Hochzeiter" (Der Hochzeiter am Brunnen), um 1850, © akg-images; Seite 14/15: Casper-David Friedrich „Der Sommer", 1807, © akg-images; Seite 21: Paula Modersohn-Becker „Barmherziger Samariter", 1907, © akg-images; Seite 27: Christian von Hamle, aus: Große Heidelberger Liederhandschrift (Codex Manesse), © akg-images; Seite 30: William Hogarth „The Marriage Settlement", © The National Gallery London/ akg-images; Seite 35: „Heilung des Gichtbrüchigen/Escorialensi", Buchmalerei Echternach, um 1050, © akg-images; Seite 41: Peter Paul Rubens „Rubens mit seiner Frau Isabella Brant in der Geissblattlaube", um 1609/1610, © akg-images; Seite: 44/45: Fritz von Uhde „Abendmahl", 1886, © akg-images; Seite 49: Quentin Massys „Der Goldwäger und seine Frau", 1514, © akg-images/Erich Lessing; Seite 52: Frans van Mieris „Altes Ehepaar bei einer Mahlzeit", 1655, © akg-images/Rabatti – Domingie; Seite 55: Tintoretto, eigentl. Jacopo Robusti „Gastmahl im Hause Simons", 1562, © akg-images/Cameraphoto; Seite 57: Vincent van Gogh „Erste Schritte", 1890, © akg-images; Seite 61: Rembrandt „The Woman taken in Adultery", © The National Gallery London/akg-images

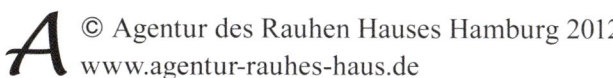

© Agentur des Rauhen Hauses Hamburg 2012
www.agentur-rauhes-haus.de

Gesamtgestaltung: Daniela Mezger, Ludwigsburg

ISBN 978-3-7600-1538-5
Best.-Nr. 1 1538-5